LETTRE

DE MADAME
DE BRIEVIL-BVTRE
A MADEMOISELLE
DE BOVRNEVF
SA BELLE-SOEUR.

Sur le sujet de sa Conversion.

AVEC LA RE'PONCE.

Quatriéme Edition reveuë & corrigée.

Se vend à Charenton,
Par LOUIS VENDÓSME, Pere, au Palais,
proche Monseigneur le Premier President,
au Sacrifice d'Abraham.

M. DC. LXXX.

AVERTISSEMENT.

Mademoiselle de Bourneuf ayant quantité de parens & d'amis, qu'elle cherit & qu'elle honore ce qui se peut, a desiré de les edifier, & de leur faire connoistre que ce qu'elle a quitté la communion de l'Eglise Romaine, à laquelle elle avoit esté si fort attachée, ce n'est point par legereté d'esprit, ny pour aucune complaisance charnelle : mais par un desir ardent de se sauver ; n'ayant pû resister aux lumieres de la Verité céleste dont il a plû à Dieu de l'éclairer. Elle a crû ne le pouvoir mieux faire qu'en leur communiquant la Lettre qu'elle a écritte sur ce sujet, en répondant à Madame de Brieüil sa belle-sœur. Que si cette Lettre peut servir à d'autres, elle s'en estimera fort heureuse, & en loüera Dieu de tout son cœur.

LETTRE
DE MADAME
DE BRIEVIL-BVTRE'
A MADEMOISELLE
DE BOVRNEVF
SA BELLE-SOEVR.

Sur le sujet de sa Conversion.

MADEMOISELLE
MA SOEUR.

La tendreſſe que Dieu m'a-
voit donnée pour vous s'eſt
changée en douleur, depuis que par un
changement reprochable vous avez abandonné Dieu, Jeſus-Chriſt, le prix de ſon
Sang, ſa Grace, ſon Egliſe, ſes Sacremens, & l'eſperance d'une vie eternelle.
Vous dites que la lecture de la Bible vous

A ij

a donné cette impreſſion : Mais l'avez vous entenduë ? L'Eſprit particulier, plus éloigné de l'Eſprit de Dieu que le Ciel n'eſt éloigné de la Terre, vous a-t'il inſpiré & donné la grace gratuite de l'intelligence de l'Ecriture Sainte ? Si vous aviez apporté à ſa lecture une affection deſireuſe de voſtre ſalut, vous auriez appris que S. Paul qui ne ſongeoit jamais à l'Egliſe de Calvin, que pour la condamner, écrit la premiere de ſes Epîtres à l'Egliſe Romaine, de laquelle vous-vous eſtes ſeparée : dit que ſa Foy eſt univerſelle, Apoſtolique, mutuelle entre-eux, & ſon obeïſſance connuë à tout le Monde. Il proteſte que ceux qui font des diſſenſions & partialitez contre l'Egliſe Romaine, ne ſervent pas Jeſus-Chriſt, ains leur ventre, & par douces paroles & flateries les cœurs des innocens. Cõment avez vous ſi peu profité à la lecture de la Bible, que vous ayez pû vous reſoudre à vous ſeparer d'une Egliſe que Jeſus-Chriſt a bâtie il y a plus de ſeize cens ans contre laquelle les portes d'enfer ne pourront jamais prevaloir, qui eſt ſon Royaume eternellement étably, la colonne & l'appuy de verité, qui remonte la ſuitte de ſes Paſteurs juſques aux Apôtres, par une ſucceſſion non interrompuë ? L'Egliſe à laquelle nô-

tre Seigneur s'est donné en heritage per-
petuel, pour vous jetter dans un party qui
vous doit estre suspect à raison de sa nou-
veauté, n'ayant jamais esté en pas un lieu
du Monde, avant que Calvin son premier
Auteur renonçât à la sincerité de la Foy :
qui n'a ni la succession que l'Apôtre Saint
Paul demande, ny la mission pour annócer
legitimement la parole de Dieu : qui n'eut
jamais ni miracles, ni Saints ; & qui tient
les esprits flottans & errans à tous les vents
d'une fausse doctrine : Il me reste cette
consolatiõ en vôtre desastre, de sçavoir que
les termes de la repentance des hommes
vont au pair de ceux de la vie. Dieu a assez
de bonté pour vous recevoir à penitence,
quand vous formerez le dessein de vôtre
salut. Je vous y invite de toute mon affection. Les Anges feront feste de vôtre
conversion , & vous trouverez en vos pro-
ches l'amitié & la protection qu'ils ne vous
ont jamais refusée. Si pour arrester l'agita-
tion que de mauvais conseils ont pû pro-
duire en vostre ame, vous desirez d'estre
instruite , nous avons des Docteurs qui
ont assez de suffisance pour confondre les
ennemis de la Foy, & assez de charité
pour ne pas vous refuser leurs soins. Pour
moy je ne cesseray de desirer vostre salut,

iusques à qu'il ait plû à Dieu d'exaucer
mes desirs. Ne vous rendez pas rebelle à
la Grace, & ne privez pas ceux qui vous
aiment de la consolation que vous pouvez
leur apporter ; Et à moy particulierement,
qui suis plus que personne du Monde,

MA CHERE SŒVR,

Vostre tres-humble & tres-
acquise sœur & servante,
IEANNE DE LA
LONGRAIRE.

RE'PONSE
DE MADEMOISELLE
DE BOVRNEVF.

MADAME ET TRES-CHERE Sœvr,

Vous vous affligez de ce dont les Anges se réjoüiffent, & dequoy vous loüerez Dieu de toutes les forces de voftre ame, fi vous faviez la grace qu'il m'a faite, m'ayant par fa grande mifericorde, appellée des tenebres à fa merueilleufe lumiere, & de la fuperftition à fon pur fervice. Vous parlez à moy comme fi j'avois abjuré le Chriftianifme, & que je me fuffe rangée avec les Turcs & les Infideles, ou comme fi j'étois devenuë Payenne, fans efperance & fans Dieu au monde. Mais bien loin d'avoir abandonné Jefus-Chrift, que je l'embraffe de tout mon cœur, & que je mets en luy feul toute ma fiance & mon efperance. Car je fay qu'il n'y a point de falut en aucun autre, & qu'il n'y a point d'autre Nom qui foit donné aux hommes, par lequel nous puiffions eftre fauvez. A qui irois-je qu'à ce mifericor-

dieux Seigneur, qui a les paroles de vie
eternelle, & qui eſt la voye, la verité, &
la vie? De ſorte que nul ne va au Pere ſinon par luy. Je ne croy point d'autre Purgatoire que le precieux ſans qu'il a répen-
du pour nous en la Croix, ny d'autre ſacrifice propitiatoire que celuy qu'il a of-
fert luy même à Dieu ſon Pere pour l'ex-
piation de nos crimes, ny d'autre merite,
que celuy de ſa tres-parfaite obeïſſance,
qui nous a acquis le Ciel avec toute ſa
gloire, & toutes ſes delices. Je croy que ce
divin Redempteur eſt mort pour mes pechez, reſſuſcité pour ma juſtification, &
monté là haut au Ciel pour m'y preparer
place. Il m'eſt gain à vivre & à mourir.
Tant que je demeureray au monde, je tâ-
cheray d'imiter la ſainteté & l'innocence
de ſa vie irreprehenſible. Quand l'heure
de mon délogement ſera venuë, il me fera
la grace de remettre paiſiblement mon
ame entre ſes mains; Et lors qu'il viendra
du Ciel avec les Anges de ſa puiſſance,
pour ſe rendre Glorieux en ſes Saints, &
admirable en tous les Croyans, j'eſpere
qu'il relevera mon corps de la poudre, &
le rendra conforme à ſon corps Glorieux,
afin qu'en corps & en ame, en la compa-
gnie de tous les Eleus & Fideles, qui au-

ront

sont exercé icy bas les œuvres de misericorde, je puisse ouïr de sa bouche sacrée
ces paroles de joye & de consolation eternelle; *Venez, les benits de mon Pere : possedez
en heritage le Royaume qui vous est preparé dés
la fondation du monde.* Aprés cela, ma tres-
chere Sœur, pourrez-vous dire en bonne
conscience, que *j'abandonne Iesus-Christ &
sa grace, le prix de son sang, & l'esperance d'une
vie eternelle ?*

Tant s'en faut que *j'aye abandonné l'Eglise
de Iesus-Christ*, qu'au contraire, y ayant
aujourd'huy dans le monde plusieurs Eglises qui se disent Chrétiennes, j'ay recher-
ché avec un zele ardent la communion de
celle qui oit la voix de ce grand Pasteur
& Evesque de nos ames ; qui obeïr à ses divins commandemens, & qui le sert & l'a-
dore selon sa sainte volonté : qui n'a point
d'autre Religion que celle dont cette Sa-
pience eternelle a apporté des Cieux le
patron & le modele, que les Saints Apôtres ont publiée par l'univers, & consignée
dans leurs Ecrits ; & que les bien-heureux
Martyrs ont seelée de leur sang. C'est en
cette Eglise-là, qu'à la grande Gloire de
Dieu, & à la consolation des ames, la Parole de Dieu est préchée en toute sa pureté, sans le mélange des traditions & des

B

commandemens d'hommes ; & que les Saa
cremens instituez par Jesus-Christ sont
administrez en leur premiere simplicité &
integrité. Car elle baptise au Nom du Pere, du Fils, & du S. Esprit, avec de l'eau
simple, sans y méler le sel, la salive, l'hui-
le exorcisée, & autres choses semblables,
inventées par les hommes. Et quant à la
Sainte Cene du Seigneur, elle a rejetté la
pompe des vaines ceremonies, dont il n'y
a nulle trace en l'Evangile ; & a rétably re-
ligieusement tout ce que Jesus-Christ a
commandé, & dont il nous a donné l'e-
xemple. Elle rompt le pain, & le donne à
manger aux communians, en memoire du
Corps de Jesus-Christ qui a esté rompu
pour eux, & pour les assurer du salut qui
leur a été acquis par la mort douloureuse
de ce divin Sauveur ; Et elle leur distribuë
le vin sacré, pour leur representer le sang
de Jesus-Christ épandu en la Croix, & les
assurer qu'il a été répandu en remission de
leurs pechez : Au lieu que dans vostre
Eglise on ne vous rompt point de Pain, &
on ne vous donne point la Coupe. De sorte que bien loin d'avoir abandonné le Sacrement de Jesus-Christ, qui nourrit nos
ames en l'esperance de la vie eternelle,
qu'au contraire par la grace de Dieu je

suis rentrée en la joüissance de ce qui nous
en auoit esté ravy par un sacrilege insup-
portable.

Il est vray que c'est *par la lecture de la Bi-*
ble, que j'ay appris ce que je devois croire
& ce que je devois faire, pour me rendre
agreable à Dieu, & parvenir à son eternelle felicité. Car cette Ecriture divinement inspirée nous peut rendre sages à salut, par la foy qui est en Jesus-Christ ; Et
elle a esté écrite afin que nous croyons
que Jesus est le Christ, le Fils de Dieu, &
qu'en croyant nous ayons la vie par son
Nom. En recourant à ce Livre de vie, j'ay
obey au commandement que fait le Sauveur du monde, au chapitre cinquiéme
de son Evangile selon Saint Jean, *Enquerez*
vous diligemment des Ecritures, car vous estimez
avoir par elles la vie eternelle ; & ce sont elles qui
rendent témoignage de moy. J'ay imité les
premiers Chrestiens de Berée, qui fueille-
toient journellement les Ecritures, pour
voir si les predications de S. Paul y estoient
conformes. Dieu seul qui nous a preparé
son Paradis, nous peut apprendre le che-
min qui nous y conduit.

La Sagesse de Dieu, qui est diverse en
toutes choses, reluit d'une façon magnifi-
que en l'Ecriture Sainte. Car bien que

pour exercer & humilier les esprits les plus sublimes & les plus relevez, elle contienne des choses difficiles à entendre & que les ignorans & les mal-avisez tordent à leur propre perdition, toutes les choses necessaires à nostre salut y sont couchées en des termes si clairs & si exprés, que les plus simples & les plus humbles les peuvent facilement entendre. Si l'Evangile de N. Seigneur est encore couvert, il est couvert à ceux qui perissent, ausquels le Dieu de ce siecle a aveuglé les entendemens, à sçavoir des incredules, afin que la lumiere de l'Evangile de la Gloire de Christ ne leur resplendist. Cela est expressement enseigné par l'Apôtre Saint Paul, en sa deuxiéme Epitre aux Corinthiens, chap. 4.

Cette Ecriture divinement inspirée, n'est pas seulement propre a endoctriner & à instruire selon justice, mais aussi à corriger & à convaincre. Non seulement j'y ay appris toutes les creances que je dois avoir pour estre sauvée, mais aussi les erreurs & le faux Service que je dois rejetter. Car outre qu'elle nous enseigne des choses formellement opposées au sacrifice pretendu de la Messe, à la doctrine du Purgatoire, du Merite des œuvres, & de la presence du Corps de Jesus-Christ en la

terre, au retranchement de la Coupe, au
Service des Anges, à l'Invocation des
Saints, à la veneration des Images, à l'a-
doration des Croix à la puiſſance du Pape,
au Celibat des Preſtres, à la diſtinction
ſcrupuleuſe des viandes, à l'obſervation
religieuſe des jours de Feſte, au Service public en une Langue étrangere & barbare, &
à pluſieurs autres erreurs & abus ſemblables
qui ont la vogue parmy vous, elle nous
donne cette maxime generale, qui eſt ſor-
tie de la bouche du Fils de Dieu meſme, *Que ceux-là honorent Dieu en vain qui enſeignent des commandemens qui ne ſont que com-
mandemens d'hommes.* Vous trouverez cet
oracle au quinziéme Chapitre de l'Evangile ſelon S. Matthieu.

Pour entendre les paroles de la Sainte
Ecriture, il ne faut que ſavoir les Langues,
& avoir le ſens commun & l'uſage de la
raiſon. Mais pour croire de cœur à juſtice,
& en faire confeſſion à ſalut, il faut que
Dieu nous aſſiſte de la vertu d'enhaut : Car
la chair & le ſang ne nous revelent point
les myſteres du Ciel. Nul ne peut venir à
Jeſus-Chriſt, ſi le Pere ne le tire. Nous ne
pouvons de nous, comme de nous-mêmes,
penſer aucune choſe bonne : mais toute
noſtre ſuffiſance vient de Dieu, qui pro-

duit en nous avec efficace, & le vouloir, & le parfaire, selon son bon plaisir. Enfin, nul ne peut dire que Jesus est le Seigneur, sinon par le Saint Esprit. De sorte qu'il n'y a point de vray Fidele à qui nous ne puissions expliquer le dire de l'Apostre aux Corinthiens, *Vous estes l'Epitre de Christ, écrite non point d'encte, mais de l'Esprit du Dieu vivant : non point en des plaques de pierre, mais en des plaques charnelles au cœur.*

Je ne say de quel esprit sont meus ceux qui vous font faire des railleries de cét Esprit auquel nous donnons tout l'honneur & toute la Gloire de nostre Conversion : Vû que c'est l'Esprit du Seigneur Jesus, & que si quelqu'un n'a point cét Esprit, celui-là n'est point à luy. Il n'y a non plus de raison à dire que c'est *un Esprit particulier*, qu'à soûtenir que Dieu est un Dieu particulier, & que Jesus-Christ est un Sauveur particulier. Car comme c'est un seul & mesme Dieu qui a créé toutes choses, & un seul & même Sauveur qui nous a tous rachetez ; aussi quoi qu'il y ait une grande diversité de dons, de graces, & d'operations, c'est un seul & même Esprit qui les produit C'est luy qui illumine nos entendemens, qui sanctifie nos volontez, qui purifie nos affections, & qui amene toutes nos

penſées priſonnieres à ſon obeïſſance.
Tout ainſi donc que le Dieu qui m'a creée.
eſt le Createur de l'Univers, & que le Sauveur qui m'a rachetée eſt le Sauveur de
l'Egliſe qu'il a racheté par ſon ſang : auſſi
l'Eſprit qui m'a illuminée pour les choſes
du Royaume des Cieux, eſt celui qui éclaire & qui conduit tous les Enfans de Dieu.
Ce même Eſprit qui a autrefois ouvert le
cœur de Lydie, pour croire aux paroles
qui eſtoient préchées par l'Apoſtre Saint
Paul, eſt le même Eſprit qui a ouvert mon
cœur pour croire à toutes les divines paroles que ce Saint Apoſtre a laiſſées par écrit.
Loüé ſoit Dieu de ſon don inenarrable.

Vû que la charité n'eſt point ſoupçon-
neuſe, je m'étonne pourquoy vous voulez
croire, que je n'ay point apporté à la lecture de l'Ecriture Sainte *une ame deſireuſe de
mon ſalut.* Dieu ſait que je n'ay point de de-
ſir plus vehement, & que je ne luy ay jamais rien demandé avec plus d'ardeur, que
d'être conduite au ſalut eternel par la lumiere de ſa Verité. Dequoy me ſerviroit
de gagner tout le monde, & de faire per-
te de mon ame ? Si dans ce changement
que j'ay fait, je m'eſtois propoſée un autre
but que la gloire de Dieu & mon ſalut, je
ſerois la plus miſerable & la plus inſenſée

de toûtes les femmes qui vivent sur la Terre : vû que c'eſt là la ſeule choſe qui ſe
trouve en la Religion Reformée par la Parole de Dieu. Elle n'a ni l'applaudiſſement
des Peuples, ni la faveur des Grands, ni la
gloire du monde, ni les treſors de ce ſiecle,
ni aucun des avantages de la chair. Au
contraire, elle eſt accompagnée de toute
ſorte de diſgrace & d'afflictions. Car qui-
conque veut vivre ſelon Jeſus-Chriſt en
pieté, ſouffrira perſecution. Il faut ſuivre
Jeſus-Chriſt en portant ſa Croix ; Et c'eſt
par pluſieurs tribulations que nous entre-
rons au Royaume de Dieu.

N'étoit que le ſujet eſt par trop grave, &
que mon cœur eſt en amertume de vous
voir plongée dans une ſi profonde igno-
rance, je n'aurois pû m'empeſcher de rire
en jettant les yeux ſur ce que vous dites,
que *Saint Paul ne ſongeoit jamais à l'Egliſe de
Calvin que pour la condamner.* En conſcience,
ma pauvre Sœur, que voulez-vous dire par
cette *Egliſe de Calvin ?* Eſt-il bien poſſible
que l'on vous ait abuſée juſques-là, que de
vous perſuader que Calvin ſoit le fondement de noſtre Egliſe, & l'Auteur de nôtre Religion ? Non, non, noſtre Egliſe
n'eſt fondée, ny ſur Calvin, ny ſur aucun
homme, mort ou vivant : & noſtre Religion

gion ne tire point ſont origine de la Terre, Calvin n'a point eſté crucifié pour moy, & je n'ay point eſté batiſée en ſon nom. Le nom de Calvin ne retentit point en nos Aſſemblées, & à peine en ay-je oüy parler depuis que Dieu ma fait la grace d'eſtre de la Religion, ſi ce n'eſt que m'eſtant informée de ce que l'on croyoit de luy, on m'a dit que ſa memoire eſt en bonne odeur comme d'un fidele Miniſtre de J. Chriſt, qui en ſon tems a dignement ſervi au Conſeil de Dieu, & à l'avancement de ſon Regne : mais que l'on ne reçoit point ſes Ecrits, ſi non entant qu'ils s'accordent avec les Ecrits des Prophetes & des Apoſtres.

Je ne ſuis donc point de l'Egliſe de Calvin : mais de celle que Saint Paul appelle *l'Egliſe & l'Aſſemblée des premiers nez dont les noms ſont écrits au Ciel.* Je ſuis de l'Egliſe qui eſt edifiée ſur Jeſus-Chriſt, le Rocher d'eternité, & contre laquelle les portes des Enfers n'auront jamais de puiſſance. Et pour vous le dire encore une fois, la Religion que je profeſſe eſt emanée de Dieu meſme, & Jeſus-Chriſt l'a apportée du Ciel en Terre. Saint Paul n'avoit garde de penſer à la condamner : vû que c'eſt la Religion qu'il a publiée par l'Univers, & qu'il a ſouſſignée de ſon ſang.

C

Je say bien que du temps de l'Apostre il
y avoit à Rome une Eglise Chrestienne &
Ortodoxe : mais il y en avoit aussi en plusieurs autres lieux, dont l'origine estoit
plus ancienne & plus illustre. Les Eglises
de Judée & de Grece, ont esté edifiées
avant celle de Rome. Jesus-Christ luy-
même avoit jetté les fondemens de l'Eglise de Jerusalem. C'est là où premiere-
ment les Apostres ont prêché l'Evangile,
depuis l'Ascension de ce Glorieux Sauveur, & l'envoy de son Esprit en forme de
Langues mi-parties de feu. Et c'est en l'E-
glise d'Antioche qu'a commencé ce beau
nom de *Chrestien*, dont les plus puissans
Monarques tirent leur plus grande gloire.
Que si Saint Paul a écrit à l'Eglise de Rome, il a aussi écrit à l'Eglise de Corinthe, à
l'Eglise d'Ephese, à l'Eglise de Philippes, à
l'Eglise de Colosses, à l'Eglise des Galates, & à l'Eglise des Thessaloniciens. Et
qui plus est, Jesus-Christ luy-mesme a écrit
à l'Eglise d'Ephese, à l'Eglise de Smyrne, à
l'Eglise de Pergame, à l'Eglise de Thyatire
à l'Eglise de Sordes, à l'Eglise de Philadel-
phie, & à l'Eglise de Laodicée. Bien que l'E-
pitre aux Romains soit la premiere en or-
dre des Epitres de Saint Paul, on ne croit
pas qu'elle ait esté écrite avant les Epitres

aux Corinthiens. Mais posé qu'elle soit absolument la premiere Epitre de S. Paul, on n'en peut conclure de là que l'Eglise de Rome euft aucune primauté ou prerogative par deffus les autres Eglifes Chrétiennes : vû que la premiere Epitre de Jefus-Chrift s'adreffe à l'Eglife d'Ephefe, & que ce Glorieux Sauveur n'en a écrit aucune à l'Eglife de Rome.

Je confeffe que Saint Paul louë les Chrétiens qui eftoient alors à Rome, & qu'il dit que *leur Foy eftoit renommée par tout le monde:* Mais il ne donne pas de moindres loüanges aux Fideles de Corinthe, de Philippes, de Coloffes, & de Theffaloniques. Il n'exalte pas feulement *leur Foy*, mais *leur charité, leur patience, & leur efperance* Il vient jufques à dire, qu'il *ne leur defaut aucun don.* Enfin, il parle de leur perfeverance, avec une efpece de certitude. Au lieu qu'il menace formellement l'Eglife de Rome, & que pour luy faire peur il met deuant fes yeux l'effroyable cheute de l'Eglife d'Ifraël, à laquelle Dieu avoit fait de fi grandes & fi precieufes promeffes, jufques à l'affurer que fon Nom feroit eternellement à Jerufalem. *Ne t'éleve point*, dit-il, *par orgueil, mais crain. Car fi Dieu n'a point épargné les branches naturelles, garde qu'il n'avienne qu'il*

C ij

ne l'épargne point aussi. *Regarde donc la bení-gnité & la severité de Dieu : assavoir la severité sur ceux qui sont trébuchez, & la benignité en-vers toy, si tu persevere en sa benignité, autre-ment tu seras aussi coupée.* Cela est mot pour mot en l'onziéme chap. de l'Epitre aux Ro-mains. Ne trouvez point étrange s'il est ar rivé à l'Eglise de Rome, ce que S. Paul luy a predit. Car elle s'est élevée par orgueil : Elle s'est dite sans aucun fondement la Mere & la Maistresse de toutes les Eglises : Elle a pretendu de ne pouvoir errer en la Foy : Et elle s'est glorifiée jusques là que de dire, *Ie sieds Reine, & ne suis point veuve, & je ne verray point de dueil.*

Ceux qui ont dicté vostre Lettre ont tron-qué d'une estrange façon les paroles de S. Paul, pour lui faire dire ce à quoy il ne songea jamais. Car ils posent qu'il prote-ste, que *ceux qui font des dissensions & partia-litez contre l'Eglise Romaine, ne servent pas Iesus-Christ, ains leur ventre, & par douces paroles & flateries seduisent les cœurs des inno-*cens: Comme si en general, & sans aucune exception, il vouloit dire, qu'en tous les âges du monde, tous les Fideles, en quel-que lieu qu'ils se trouvent, doivent adhe-rer à l'Eglise de Rome ; & que jamais ils ne se separent de sa communion, quelque

erreur qu'elle reçoive, & quelque faux service qu'elle établisse. Afin de découvrir
la fraude & l'imposture, je vous supplie de
lire le passage tout entier. Vous le trouverez au dernier chapitre de l'Epitre aux Romains. *Or je vous exhorte, Freres, que vous
preniez garde à ceux qui font des partialitez &
des scandales contre la doctrine que vous avez
aprise, & vous détourniez d'eux. Car ceux qui
font tels, ne servent point N. S. Iesus-Christ,
mais leur propre ventre; & par douces paroles &
flateries seduisent les cœurs des simples.*

Ma tres-chere Sœur, jugez-en sans pas-
sion, & comme en la presence de Dieu, qui
sonde & qui lit nos plus secrettes pensées.
Qui sont ceux qui font des partialitez &
des scandales, *contre la doctrine receuë* par les
Fideles qui estoient à Rome au temps de
Saint Paul ? Certes, ce crime-là ne nous
peut estre imputé, vû que nous croyons
du cœur, & confessons de la bouche tout
ce que l'Apôtre a écrit à ces anciens Romains. Nous croyons fermement tout ce
qu'il leur enseigne de la misere & corru-
ption universelle du Genre humain, de la
misericorde de Dieu en Jesus-Christ, de
l'election gratuite fondée sur le bon plaisir de Dieu, de la justification par la Foy,
de la paix de la conscience, de la perseve-

rance des Saints, de la necessité des bonnes œuures, de la charité Chrétienne, de la patience dans les maux, & de l'esperance des biens à venir. Enfin, nous croyons, sans aucune exception, tout ce qui est contenu en cette divine Epitre: & il n'y en a pas un seul mot que nous ne soyons prest à signer de nôtre propre sang. Vous avez le nom de *Catholique*, & nous en avons la chose. Car à parler propremét, c'est nôtre Foy qui peut & doit estre nommée *Catholique* ou *Vniverselle* : vû que nous ne croyons rien necessaire à salut, qui n'ait été crû en tous les âges de l'Eglise, & que tous les Chrétiens de l'Univers ne fassent profession de croire. On ne peut aussi, sans une injustice manifeste, luy dénier le nom d'*Apostolique* : vû que c'est la doctrine qui a été preschée par les Apôtres du Seigneur Jesus, & qu'elle se trouve en leurs Divins Ecrits.

Mais en conscience, ma chere Sœur, n'est-il pas vray que les nouveaux Romains *ont fait des partialitez contre la doctrine receuë* par les anciens Romains? N'est-il pas vrai qu'ils rejettent la doctrine de Saint Paul, de la justification par la Foy sans les œuvres de la Loy, de l'assurance du salut, de la perseverance des vrais Fideles, & plusieurs autres doctrines semblables, qui se trouvent en l'Epitre aux Romains ? N'est-il pas vrai que les nouveaux Romains ont inventé une infinité de dogmes, de services, & de ceremonies, dont les anciens Romains n'ont jamais oüy parler. Que si quelqu'un veut dire que je vous impose, qu'il me fasse voir dans l'Epitre aux Romains un seul mot de la Transsubstantiation, du Sacrifice pretendu de la Messe, de la Communion sous une seule espece, de l'adoration du Sacrement, du merite des œuvres, du Purgatoire, de l'Invocation des Saints, du Service des Anges, de la veneration des Images, de l'adoration des Croix & des Reliques, du Celibat des Prestres, des vœux Monastiques, des Festes, des Temples, & des Autels dediez à l'honneur des creatures : des Pelerinages, des Chapelets, des Grains benits, des *Agnus Dei*, du Jubilé, & des Indulgences : de la distinction scrupuleuse des viandes, de la puissance souveraine & directe du Pape sur les choses spirituelles, & de sa puissance indirecte sur les choses corporelles : de la vente des choses saintes, de la taxe de la Chancellerie pretenduë Apostolique, & des autres choses de pareille nature. Que l'on me montre en cette Divine Epitre, l'ombre seulement de ce prodigieux amas de ceremonies, que vous avez

empruntées des Juifs & des Payens, &
alors je retournerai à la Messe, & m'enve-
lopperai de toutes vos superstitions.

Où sont, je vous supplie, ceux *qui font
des scandales contre la doctrine qui a été receuë du
commencement* par l'Eglise Chrétienne? Peut-
on dire sans une calomnie capable de faire
rougir l'Enfer, que ceux de nôtre Religion
font des scandales contre cette S. & Divine doctrine? Eux qui en adorent la pleni-
tude & la perfection? Eux qui la preschent
en sa pureté & simplicité, sans le mélange
des traditions humaines? Eux qui pour l'a-
mour de cette Fille du Ciel, ont enduré tãt
de tourmens & de martyres? Mais n'est-il
pas plus clair que le Soleil, que vos Peres
ont fait,& que vous faites apres eux une infinité de scandales contre la doctrine des
SS. Apôtres? ne sont-ce pas ceux de vôtre communion qui exposent à opprobre
l'Evangile du Seigneur Jesus, & qui sont
cause que le bon Nom de Dieu est blasphe-
mé par les Infideles? Pour exemple, n'est-
ce pas un merveilleux scandale que vous
donnez aux Juifs & aux Mahometans, lors
que vous consacrez des Images & des res-
semblances de toute sorte, & que vous les
posez dans vos Temples & les élevez sur
vos Autels? N'est-ce pas une des choses qui
les

Prophete Efaye ne fait point de difficulté
de s'écrier, *Comment eft devenuë paillarde la
Cité loyale?* Vous n'avez non plus fujet de
vous appliquer les loüanges que Saint Paul
a données aux Romains de fon temps, que
les Corinthiens, les Ephefiens, les Philip-
piens, ou les Coloffiens d'aujourd'huy, de
s'appliquer les loüanges que ce même
Apôtre a renduës à leurs Predeceffeurs.
Au contraire, il fe peut dire fans vous
offenfer, que fi au temps de Saint Paul la
foy de l'Eglife de Rome étoit *renommée par
tout le monde,* aujourd'huy fon incredulité, fa
fuperftition, & le fervice Religieux qu'elle
rend aux Creatures, eft expofé aux yeux
de tout l'Univers. Et que cette Eglife-là,
qui étoit autrefois *la colomne & l'appuy de
la Verité,* eft devenuë la colomne & l'appuy du menfonge.

Tandis que l'Eglife de Rome eftoit en
fa plus belle fleur & en fa plus grande pureté, il falloit avoir fa foy & fa creance : mais
il n'étoit pas plus neceffaire d'être en fa
communion, que d'être en celle de l'Eglife de Corinthe, de l'Eglife d'Ephefe, de
l'Eglife d'Antioche, de l'Eglife de Phila-
delphie, ou de quelque autre Eglife parti-
culiere. Mais depuis que Rome a abandonné la pureté de fa foy, & la fimplicité

de son service, qu'elle a mis un homme en la place de Jesus-Christ, qu'elle a rendu à la creature l'honneur & la gloire qui n'appartient qu'au Createur ; Et sur tout lors qu'elle a voulu contraindre les Fideles à s'assujetir à sa tyrannie, & à participer à son Service, & à l'adoration qu'elle defere aux creatures, ils ont été necessairement obligez à renoncer à sa communion. Le commandement de Saint Paul y est exprés. Car ayant dit, *Prenez garde à ceux qui font des partialitez & des scandales contre la doctrine que vous avez apprise* ; il ajoûte, *Et vous détournez d'eux.* Et Dieu luy-même a crié du Ciel par le ministere de ses Anges, *Sortez de Babylone, mon peuple, de peur que vous ne communiquiez à ses pechez, & que vous ne soyez faits participans de ses playes.*

Ne vous scandalisez point, ma chere Sœur, si je donne à Rome le nom de *Babylone.* Car c'est un nom qui luy est donné par plusieurs de vos Gens ; Et j'apprens que de vos plus celebres Docteurs, qui ont écrit à la veuë du Soleil, & quelques-uns mêmes aux pieds du Pape, soûtiennent hautement, que *Rome est la grande Babylone dont il est parlé en l'Apocalypse* : & qu'elle y est dépeinte de si vives couleurs, qu'il est impossible de l'entendre autremét.

les endurcit le plus en leur impieté, & qui
leur fait croire que N. Seigneur étoit fils
d'un faiseur d'Images, & qu'il étoit ennemi
formel de la Loy de Dieu qui les defend?
N'est-ce pas un étrange scandale à ses gens
là, & à tous les pauvres Payens, de voir que
vous vous prosternez devant l'ouvrage de
vos mains, & que vous adorez de la souveraine adoration qui est deuë à Dieu seul,
une chose que vous mágez, & qui peut être
avallée par les plus vils de to⁹ les animaux?
N'est-ce pas à tous les ennemis de l'Evangile, le scandale des scandales, de voir que
d'un simple Prestre, vous en faites un Roy
& un Monarque, vo⁹ luy mettez trois Couronnes sur la teste, & luy baisez les pieds :
vous le mettez sur un Autel, & l'adorez?
Que ce mot *d'adorer* ne vous offence point,
ma chere Sœur : Car je l'ai appris de vos
plus illustres Cardinaux. Dãs les Ambassa-
des & Negociatiõs du Cardinal du Perron,
presques au milieu du Livre, vous trouverez un Journal dressé par le Cardinal de
Joyeuse, de ce qui se passa au Conclave où
on éleut au Papat Leon XI. Apres avoir
décrit les brigues & les artifices des Cardinaux, plus éloignez de ce qui se passa en
l'election de Matthias à l'Apostolat, que la
Terre n'est éloignée du Ciel, le Cardinal

D

finit ces paroles, *Le Samedy au matin on le porta dans S. Pierre, où l'on le mit sur l'Autel, pour l'introniser, comme on dit : NOVS L'ADORAMES, puis le conduisimes dans sa Chambre.*

A la grande Gloire de Dieu, & au salut des ames que Jesus-Christ a rachetées par son sang, nous avons osté toutes ces pierres de scandale, & nous nous sommes inseparablement attachez au *Rocher d'eternité.* Nous avons rejetté les fables & le mensonge, le service superstitieux inventé par les hommes, & l'adoration des Creatures mortes & vivantes ; Et nous avons constamment contenu la Verité du Dieu Vivant, plus ferme & inébranlable que les Cieux & la Terre.

Tout ce qui est sous le Soleil est sujet au changement & à l'inconstance. Il y a des villes dont les anciens habitans ont été fideles & obeïssans à leur Prince, & les nouveaux au contraire sont rebelles au suprême degré, & criminels de leze-Majesté. Vous savez que sous l'ancien Testament Dieu avoit étably son pur service en la ville de Jerusalem, & qu'il avoit promis de l'y laisser à jamais. Cependant elle vient à se corrompre de telle sorte, & à se prostituer à une si prodigieuse Idolatrie, que le

Ils ne flatent point les hommes en leurs
pechez, & ne leur donnent point d'abfolution pour l'argent : mais ils leurs annon-
cent le jufte jugement de Dieu, & la fer-
veur de feu qui doit devorer fes Auerfai-
res. Ils tonnent contre les vices, & declarent hautement, que *fans la fanctification nul
ne verra jamais le Seigneur.* Ils ne flatent
point ceux qui viennent à leur communion, & ne leur promettent point l'aife &
le repos de la chair, les trefors du fiecle,
& les grandeurs du monde. Au contraire,
ils reprefentent de bonne foy la Croix &
les afflictions qui accompagnent la pure
profeffion de l'Evangile. Je le fay par ma
propre experience : Car on n'a point ou-
blié de m'avertir de ce que nôtre Seigneur
Jefus Chrift dit, en parlant de la conver-
fion de l'Apôtre Saint Paul, *Je luy montre-
rai combien il lui faut fouffrir pour mon Nom.*
Mais Dieu fait qui font ceux qui ont en
leur bouche des paroles douces & em-
miellées, pendant que leur cœur eft plein
de fiel & d'amertume. Dieu void du Palais
de fa Gloire ceux qui par des flateries fer-
viles, & des artifices malicieux, gagnent
les bonnes graces des Princes & des Rois
de la Terre, & les irritent contre les vrais
Fideles. Mais pour m'arrefter aux chofes

qui se passent à la veuë du Soleil, il n'y a personne si ignorant aux affaires du monde, qui ne sache, que pour attirer en vôtre Eglise ceux de nôtre Religion, vos Gens employent les douces paroles, les artifices, & les promesses. N'est-il pas vrai qu'à l'un on promet une piece d'argent, ou le gain d'un procez : à l'autre un Benefice ou une Charge : à l'autre une Dignité ou quelque autre avantage dans le siecle ? Et tout cela à l'imitation de celuy qui montrant à Jesus-Christ les Royaumes de la Terre, & leur gloire, lui disoit, *Ie te donnerai toutes ces choses, pourvû qu'en te prosternant en terre tu m'adores.*

Si j'ay été *seduite*, ç'a été comme ces soldats dont parle Saint Jean, qui ayant été envoyez pour se saisir de nôtre Seigneur Jesus-Christ, furent si vivement touchez de ses Diuines paroles, qui s'écrierent, *Iamais homme ne parla comme fait cet homme.* Mais les Scribes & les Pharisiens leur dirent ce que vous me dites aujourd'huy ; *N'avez-vous point esté seduits, vous aussi ;* Certes il est du tout impossible d'être trompé dans la Religion où je suis. On ne peut y donner du billon pour fin or, ni des happelourdes pour des pierres precieuses. Car il est permis à un chacun d'approcher

de la

Il faudroit avoir un front d'airain, pour ſoûtenir que ceux de nôtre Religion *ne ſervent point Ieſus-Chriſt :* vû qu'ils l'adorent en eſprit & en verité, tel qu'il eſt regnant & triomphant à la dextre de Dieu ſon Pere : Vû qu'ils luy donnent toute la loüange & la Gloire de leur ſalut, & qu'ils travaillent jour & nuit pour l'avancement de ſon Regne. Mais ceux-là ſervent-ils Jeſus-Chriſt comme il faut, qui l'ont dépoüillé de ſa charge de Roy & de Souverain Pontife, pour en revêtir un homme mortel ? qui ont changé ſes ordonnances, & aboli le vrai memorial de ſa mort : qui ont inventé un autre Purgatoire que ſon precieux Sang, un autre ſacrifice propiciatoire que celui de ſa Croix, & un autre merite pour gagner le Paradis que ſõ obeïſſance tres-parfaite : qui luy donnent des compagnons en l'office de *Mediateur entre Dieu & les hommes :* qui enſeignent que *les Saints ſont en quelque façon nos Redempteurs :* qui donnent à la Sainte Vierge le titre de *Sauvereſſe* & de *Redemptrice*, qui élevent ſon trône au deſſus du trône Glorieux où ce triomphant Monarque eſt aſſis, & où mille millions le ſervent, & dix mille millions l'adorent ; & qui enfin logent ce Divin Sauveur, tout Glorieux qu'il eſt, dans

D iij

un petit morceau de paste, & dans le ventre des souris, & autres bestes immondes?

Songez un peu qui sont ceux qui *servent
leur ventre*, leur ambition, & leur avarice.
Où sont les delices de nos Pasteurs? Où
sont leurs dignitez mondaines, & leurs tresors? Y eut-il jamais une vie plus laborieu-
se que la leur ; & un travail qui trouve
moins de recompense sur la terre? Mais
ils esperent au bout de leur course peni-
ble, d'entrer en la joye de leur Seigneur,
d'avoir part à ses inépuisables richesses,
& de recevoir de sa main une Couronne
incorruptible de Gloire & d'immortalité.
Mais qui est-ce qui ne sait l'aise & l'abon-
dance de vos Abbez, les richesses de vos
Evesques, la splendeur de vos Cardinaux,
la pompe & la magnificence de vos Papes,
qui se sont élevez au dessus des Rois & des
Monarques, jusques à leur faire baiser
leurs pieds, & leur faire tenir l'étrier &
la bride de leurs chevaux?

S'il y a en la bouche de nos Pasteurs
quelques *douces paroles*, ce sont les paroles
du Seigneur Jesus, qui sont *plus douces que
le miel*, & qui donnent à l'ame fidele une
joye inenarrable, & une paix de Dieu qui
surmonte tout entendement. Mais ils ne
se sont jamais trouvez *en paroles de flaterie,*

taxées à un certain prix; & où l'on declare hautement, que *pour les pauvres il n'y a point de consolation, parce qu'ils n'ont dequoi;*

Qui sont ceux, je vous supplie, qui seduisent les *innocens*, & qui trompent les petits enfans avec des Chapelets, des Grains benits, des *Agnus Dei*, & de petites Images ? Qui sont ceux qui par artifice surprennent les enfans de famille, & les souftrayent de l'obeïssance qu'ils doivent à leurs peres & meres ? Qui sont ceux qui sous pretexte d'un habit saint, & d'une vie Angelique, & de meriter des degrez de Gloire en Paradis, attrapent ces pauvres innocens, comme des oiseaux à la pipée, ou des poissons à la nasse ? Qui sont ceux qui par finesse, & sous des esperances trompeuse, leur font prendre le voile & le froc, & les enferment dans des Cloîtres; où à travers une grille, ils regardent avec un repentir inutile la liberté qu'ils ont follement perduë; & les autres se trouvent insensiblement attachez à des chaînes de fer, sous la pesanteur desquelles ils gemissent toute leur vie, si ce n'est que Dieu ayant pitié de leur état lamentable, leur envoye quelque Ange du Ciel, qui les réveille de leur assoupissement mortel: qu'il épande sa lumiere divine au milieu de leurs tenebres : qu'il fasse tomber leurs fers ; & qu'il les tire miraculeusement de cette dure & amere prison, pour les mettre en la liberté des Enfans de Dieu, qui leur a été acquise par le sang de Jesus-Christ? Enfin, si vous voulez savoir plus particulierement qui sont les *Esprits abuseurs*, & quelle est la *seduction d'iniquité*, prenez la peine de lire le quatriéme chapitre de la premiere Epitre de Saint Paul à Timothée, & le deuxiéme de sa seconde aux Thessaloniciens.

Ceux qui vous parlent sans cesse de nos pretenduës *Nouveautez*, devroient rougir de honte ; vû qu'ils savent bien en leur conscience, que nôtre Religion est l'Antiquité même. Et de fait, nous adorons Dieu comme il a esté adoré par les vrais Fideles des l'origine du monde ; Et ce qui est de plus nouveau parmi nous, est de plus de seize cens ans. Car nous ne croyons rien du tout necessaire à salut, qui n'ait été enseigné par Jesus-Christ & ses Apôtres ; Et un rayon du Soleil n'est pas plus semblable à un autre rayon, que le Service que nous rendons à Dieu est semblable à celui que lui rendoient les premiers Chrétiens. Ces Messieurs-là abusent bien de vôtre facilité à les croire, s'ils ont le de la lampe du Sanctuaire. La chandelle qui est mise sur le chandelier d'or, éclaire toute la maison : Mais plutôt le Soleil de Justice y resplendit de toutes parts. Le Service Divin se fait en une Langue qui nous est familiere. Non seulement on nous permet de lire l'Ecriture Sainte, & d'examiner à cette pierre de touche tout ce qui nous est enseigné de vive voix ou par écrit : Mais qui plus est, on nous y exhorte par les compassions de Dieu ; & par nôtre propre salut ; Et il n'est pas à craindre que Jesus-Christ nous damne & nous fasse perir eternellement, pour avoir obeï à ses commandemens, & pour nous être contentez de la pureté de son Evangile, & de la simplicité de son Service.

Mais ceux-là ne seduisent-ils pas tout visiblement le monde, qui font le Service public en une Langue étrangere & barbare : Qui cachent le Testament de nôtre Pere celeste, & le Contract de nôtre mariage spirituel : Qui defendent de lire l'Ecriture Sainte sans une permission speciale ; Et qui pour détourner de cette salutaire lecture, declarent qu'*il en revient plus de dommage que de profit ?* Ceux-là ne seduisent-ils par les simples, qui les obligent à subir leur jugement, bien qu'ils soient Juges en

E

leur propre caufe, & qui en veulent être creus à leur mot, bien qu'il difent *que le blanc eft noir, & que le noir eft blanc* : Qui fous une fauffe apparence de biens fpirituels, ufurpent les biens corporels : Qui *fous pretexte d'oraifons, devorent les maifon des veuves;* & fous ombre de chanter pour les morts, font plorer les vivans, & les dépoüillent de leurs heritages : Qui pour un peu de plomb fe font donner des montagnes d'or; & qui ne pouvant rien livrer que l'Enfer, promettent le Ciel, le Paradis, & Dieu même : Ceux là ne feduifent-ils pas les pauvres Chreftiens, qui leur font accroire qu'en prononçant cinq paroles, ils font Jefus-Chrift, qui eft fait il y a mil fix cens quatre-vingt ans : & qui leur perfuadent que dans un point ils enferment un homme tout entier, & qu'une petite fueille de pafte cuite, qui n'a ni chair ny os, eft cependant un vrai corps humain ? Enfin, ceux-là ne feduifent-ils pas le monde de la feduction la plus palpable, qui font paffer pour Apoftolique toutes leurs Traditions, & toutes leurs nouvelles inventions ; jufques à nommer *Apoftolique* une Taxe de la Chancellerie de Rome, où les Lettres de difpenfe des chofes que Dieu deffend, & d'abfolution des crimes les plus enormes, font

pas moins heureux, & cela ne l'empefcha
pas d'être enlevé au Ciel en un chariot
de feu. De même pour me feparer d'avec
l'Eglife Romaine, & de cœur & de profeffion, il me fuffit de favoir qu'elle a des erreurs aux points fondamentaux du Chriftianifme, des abus groffiers, & une fuperftition infupportable, & qu'elle rend à la
creature l'honneur & la gloire qui n'appartient qu'au Createur. Mais je ne fuis pas
obligé à marquer le temps auquel à commencé cette maladie contagieufe & mor-
telle, ni à diftinguer les divers accez de
cette fiévre maligne. Je laiffe cette recher-
che curieufe à ceux qui ont plus de loifir
& plus de fcience que moy, qui me con-
tente de favoir Jefus-Chrift, & iceluy crucifié.

Ou vôtre Eglife fe contredit à elle-mê-
me, ou elle ne peut dire fans une moque-
rie manifefte, qu'elle eft *le Royaume de Iefus-
Chrift*. Car ce Glorieux Sauveur a pronon-
cé luy-même de fa bouche Divine, que
fon Regne n'eft point de ce monde. Mais le Regne du Chef de vôtre Eglife, eft un Regne
de ce monde, & fa gloire eft la gloire des
Princes de ce fiecle, qui s'en va à neant.
Témoin que la pompe & la magnificence
de fa Cour eft la pompe & la magnificen-

ce du monde, & l'une des vanitez les plus vaines qui soient sous le Soleil. Témoin qu'il est couronné en Roy & Monarque du monde, & qu'on lui rend plus d'honneur mondain qu'à tous les Roys & Princes du monde. Témoin encore, que la Tiare que l'on met sur sa teste avec trois Couronnes d'or enrichies de pierres precieuses, s'appelle *le Regne*. Et témoin sans replique, qu'alors de son Couronnement, le Maître des Ceremonies faisant brûler des étoupes en sa presence, prononce ces paroles, *C'est ainsi que passe la gloire du monde, Pere Saint.*

Les portes des Enfers ne peuvent rien sur l'Eglise des Eleus, dont pas un ne peut être seduits, ni être ravi des mains de Dieu & de son Saint Fils Jesus, qui malgré la rage de Satan & du monde, leur donnera la vie eternelle qu'il leur a aquise par le merite de sa mort. Elles n'ont point eu aussi, & n'auront jamais le pouvoir d'abolir generalement de dessus la face de la terre toutes les Eglises qui font profession du Christianisme. Mais elles ont prévalu sur plusieurs Eglises particulieres qui avoient été edifiées de la main des Apôtres, & arrosées du sang des Martyrs. Pour savoir si elles ont prévalu sur l'Eglise de Rome, il

ne

pouvoir de vous perſuader , que ce que nous avons rejetté de leur doctrine & de leur Service eſt fort ancien : vû qu'il y a des choſes établies plus de mille ans apres nôtre Seigneur Jeſus-Chriſt , comme les Images de la Trinité, les Meſſes ſans Communians , la Communion ſans preſenter la Coupe, la Feſte-Dieu, le Jubilé, les Indulgences , & autres inventions ſemblables. Si apres avoir conſideré la multitude & la pompe de vos Ceremonies, vous jettez les yeux ſur les Actes des Apôtres. & la ſimplicitez de leur Service, aſſurément vous direz avec moi, que *du commencement il n'étoit pas ainſi.*

Vous parlez de *la ſucceſſion que Saint **Paul** demande* , ſans cotter le lieu où il fait cette demande pretenduë ; Et vous vous vantez de vôtre ſucceſſion. J'avouë que vous avez ſuccedé aux anciens Chrêtiens, en la même façon que la nuit ſuccede au jour, la maladie à la ſanté, & la mort à vie. Mais, graces à Dieu, nous avons ſuccedé à la pureté de leur Creance, & à la ſimplicité de leur Service. De ſorte que comme S. Paul diſoit au Roy Agripa, *Ie teſtifie à petit & à grand, que je ne dis rien ſinon les choſes qui ont été predites tant par Moyſe que par les Prophetes :* Ainſi nos Paſteurs peuvent bien prote-

ſter en bonne conſcience, qu'ils ne nous enſeignent rien qui n'ait été enſeigné par Jeſus-Chriſt & ſes Saints Apôtres. Venez
avec moy oüyr leurs Predications, & prenez la peine de les conferer avec l'Ecriture Sainte ; & vous trouverez que je vous
dis la verité.

Il ſuffit pour mon ſalut, que je ſache de
certitude de foy, quelle eſt la Religion
que mon Sauveur a inſtituée, & que je
l'embraſſe de tout mon cœur : que je voye
la Celeſte & Divine lumiere, qui conduit
à la Gloire & Felicité du Paradis ; & que
je la ſuive avec tout le zele & toute l'ardeur dont je ſuis capable : Mais il n'eſt pas
neceſſaire que je ſache en quelles parties
du monde on a vû fleurir cette Sainte &
Divine Religion , ni que je connoiſſe les
perſonnes qui ont été éclairées de ce Soleil, & qui ont marché avant moi dans les
ſentiers de vie. C'eſt une ſainte Geogra-
phie, & une Hiſtoire agreable : mais ce n'eſt
pas un article de foy, ni un point neceſſaire
à ſalut. *Le juſte vit de ſa foy* : mais il n'eſt pas
obligé à répondre de la foy d'autruy ; &
un chacun portera ſon propre fardeau. Le
Prophete Elie, pour ne connoître pas un
des ſept mille hommes qui n'avoient point
fléchi le genoüil devant Baal , n'en étoit

ne faut que jetter les yeux sur les erreurs qu'elle enseigne, les Creatures qu'elle ado- re, & la tyrannie qu'elle exerce. Il ne faut que lire l'Histoire de vos Papes modernes, & nommément de ces trois qui regnoient en même tems, & qui furent deposez par le Concile de Constance; & de ces cinquante tout de suite, que vos Chronologiens les plus passionnez confessent n'être point *Apostoliques* mais *Apostatiques & Apostatiques*. On m'assure que ce sont là les propres mots de vôtre Genebrard, Theologien de Paris. Et enfin, il ne faut que penser aux horribles corruptions arrivées à ce que vous appel- lez *le Saint Siege*. Si je voulois dépeindre ici ce que l'on m'a dit que Baronius, un de vos plus celebres Cardinaux, en écrit en ses Annales, le papier en rougiroit, & vos yeux ne le pourroient souffrir.

J'ai cette consolation là en mon ame, de me voir, par la grace de Dieu, en une Eglise qui est la vive image de la premiere Eglise Chrestienne, que Jesus-Christ & ses Apôtres ont établie sur la Terre. Non seulement elle en a la doctrine, & en imi- te parfaitement le Service: mais aussi elle a les mêmes Charges ecclesiastiques. Et de fait, nous avons des Pasteurs qui préchent la Parole de Dieu, & administrent les Sacremens. Ce font ceux que le Nouveau Teftament nomme Preftres, Evefques, & Miniftres de Jefus-Chrift Apres un ferieux examen de leur doctrine & de leurs mœurs, on les confacre au faint Miniftere, comme faifoit l'Eglife ancienne, par la priere & par l'impofition des mains. Nous avons auffi des Anciens & Diacres, qui ont foin des pauvres & qui leur difpenfent la charité des Fideles. Or ce font là les feules Charges ordinaires de l'Eglife Chreftienne, comme vous le pouvez apprendre de S Paul, en fa premiere Timothée, chap. 3. & en l'Epitre à Tite, chap. 1.

Mais où trouverez vous en l'Evangile du Fils de Dieu, le moindre mot de vos pretendus Sacrificateurs du Corps de Jefus-Chrift, que vous appellez Preftres, & de la maniere de leur Confecration qui fe lit en vôtre Pontifical? Au moins fi ce que l'on m'en a dit eft veritable. Où eft-ce qu'il y eft parlé de vos Moines & de leurs vœux? Et où eft l'inftitution de vos Abbez, de vos Cardinaux, & de vos Papes? Puifque vos Gens font fi anciens & fi Apoftoliques, demandez leur, je vous fupplie, de quelle couleur étoit la Chappe de Saint Pierre, quelles pierreries il y avoit en fa Mître, & de quel metail étoit fa triple Couronne?

Sur quel Autel il fut intronisé : en quelle
Chappelle il chanta sa premiere Messe
Pontificale : : qui étoient ses Cardinaux ;
& nommément qui étoit celui qui tenoit
devant lui le Messel, & celuy qui luy pre-
sentoit le chalumeau d'or avec lequel il
succea la liqueur du Calice ? Qu'ils vous
disent de quelle nation étoient les Gardes
de son corps : combien il avoit d'Estafiers,
& le nombre de chevaux qui le suivoient
à la procession ? Qu'ils vous aprennent
si c'étoit la coûtume de le porter sur les
épaules, de lui baiser les pieds, de se mettre à genoux devant luy, & de l'adorer ?
Qu'ils vous fassent savoir en quel païs
étoit son Patrimoine, & s'il avoit un pou-
ce de terre en tout le païs que le Pape oc-
cupe aujourd'hui sous son Nom : En quel
Château étoient ses tresors, & combien
il y pouvoit avoir d'or & d'argent. Qui
étoient les Officiers de sa Chancellerie ;
De quel plomb étoient seelées ses Bulles :
Et combien il vandoit ses Lettres de Di-
spense & d'Absolution ? Qu'ils vous disent
en quelle année de son Pontificat il a institué le Jubilé : A quels peuples il a pre-
mierement envoyé les grands Pardons de
remission pleniere de coulpe & de peine ?
Et à qui il a donné des Indulgences de

cent mille ans ? Que fi vous ne pouvez mé
faire voir ces beaux myfteres là, ni leurs
femblables, plus de mille ans apres le mar-
tyre de faint Pierre, ne vous vantez plus,
je vous prie, de vôtre Antiquité pretenduë.
Dites vous *Romains* tant qu'il vous plaira,
puis que vous voulez viure à la mode de la
nouvelle Rome : Mais ne prenez point la
qualité d'*Apoftoliques* ; vû que vous étes fi
éloignez de la doctrine & de la pratique des
Apoftres.

La nouvelle doctrine & les nouveaux
Services ont befoin d'être confirmez par
des miracles. C'eft pourquoi fi vos Gens
veulent que l'on croye le Purgatoire, les
Indulgences, l'Invocation des Saints, le
Service des Images, la veneration des Reliques, l'adoration de la Croix, & toutes
vos autres Nouveautez, il faut qu'ils les
confirment & les autorifent par des miracles. Mais nonobftant leur jactances, je fuis
affurée qu'ils ne feront jamais de vrai miracles, tels que font l'illumination d'un aveu-
gle né, ou la refurrection d'un Mort. Que
s'ils mettent en avant quelques faits ex-
traordinaires, ou ce font des chofes qui
ne furpaffent pas toutes les forces de la
Nature creée, bien qu'elles foient au delà
de fes productions ordinaires, tels qu'é-

toient les signes & les prodiges des Magiciens d'Egypte : Ou ce sont des pures illusions , comme le phantôme & la fausse image de Samuel, qu'une sorciere fit voir à Saül : Ou ce sont des choses supposées par un faux zele, ou controuvées pour un gain deshonnête, tel qu'est ce qu'on recite des Sacrificateurs de l'Idole Bel ; si toutefois c'est une histoire, & non pas une fable. Or si vous voulez savoir au vrai, qui sont ceux qui se servent de ces *miracles de mensonge*, lisez le deuxiéme chapitre de la seconde aux Thessaloniciens, & le treziéme de l'Apocalypse. Mais nostre Religion n'a point besoin de nouveaux miracles : Car elle a été autorisée du Ciel & scelée par les miracles de Jesus-Christ & de ses Apôtres qui sont vrayment nos miracles , & dont nous avons sujet de nous glorifier : vû que nous n'avons point d'autre doctrine que la leur ; & que le Service que nous rendons à Dieu a été dressé sur le patron & le modele qui nous a été laissé par ces fideles Serviteurs du Dieu Vivant.

C'est une plaisante pensée, que *nous n'avons point de Saints*. A la verité nous n'en avons point au sens que le prend le vulgaire , qui appelle des *Saints* les statuës que vous mettez en vos Temples, & que vous élevez sur vos Autels, que vous portez sur vos épaules, comme les anciens Payens portoient leurs Dieux : que vous habillez & couronnez de fleurs, à qui vous faites fumer de l'encens ; & devant lesquelles vous vous mettez à genoux. Nous ne recevons point aussi de vos Saints imaginaires, comme un Saint Christophle & un Saint George : ni de vos Saintes inventées à plaisir, comme une Sainte Marguerite, une Sainte Catherine, & les onze mille Vierges. Enfin, nous ne reconnoissons point pour Saintes, des gens qui sont morts dans le froc & la superstition, & que le Pape canonisez & mis au rang des petits Dieux. Ne trouvez point étrange si je parle de la sorte ; vû que l'on m'assure que dans le Livre de Ceremonies les plus autentiques de l'Eglise Romaine, mis en lumiere par le commandement & avec l'approbation du Pape Leon X. la Canonisation des Saints, qui se fait par le Pape, est qualifiée du nom même d'*Apotheose*, qui signifie *Deification*. Mais nous avons de vrais Saints, qui regnent & triomphent dans le Ciel, comme un Saint Pierre & un Saint Paul ; & de fideles Martyrs qui ont lavé leurs robes longues, & les ont blanchies du sang de l'Agneau , comme un Saint Estienne & un Saint Antipas. Je puis bien les appeller nos Saints & nos Martyrs; vû que nôtre Religion a été préchée de leur bouche, écrite de leur main , & seelée de leur mort ; & que nous les honorons du vrai & legitime honneur qui leur est dû.

Nous ne leur bâtissons point de Temples ny de Chapelles : mais leur sainte & Glorieuse memoire est gravée en nos ames d'un caractere ineffaçable. Nous n'enchassons point leurs os dans de l'or ou de l'argent, & ne les pendons point au col: mais nous logeons en nos cœurs leurs Divins enseignemens. Enfin, nous ne leur consacrons point d'images : nous ne leur allumons point de lampes, & ne leur faisons point fumer d'encens : mais nous flairons la bonne odeur de l'Evangile qui a été épanduë par leur Ministere : nous suivons la lumiere de leur sainte vie : & nous taschons de les imiter, comme ils ont été les imateurs de nôtre Seigneur Jesus-Christ. Nous avons aussi nos Saintes, telles que sont les sages & vertueuses femmes, que le Saint Esprit a voulu dépeindre de couleurs immortelles, dans l'ancien & dans le nouveau Testament ; Et sur tout la Sainte & Bien-heureuse Vierge, dont nous honorons la memoire, nous embrassons la foy, nous imitons les ver-tus, & exaltons le bon-heur & la Gloire.

Ceux qui ont dicté vôtre Lettre, eussent mieux fait de ne point parler *d'esprits flot-tans & errans à tous les vents d'une fausse do-ctrine.* Cela me fait souvenir de ma condi-tion passée, & me donne sujet d'admirer le bien-heureux état où je me trouve au-jourd'huy. Cela me represente ces pauvres ames possedées par un Esprit d'erreur & de mensonge, dont la conscience est toûjours flottante & agitée de passions contraires. Tantost le vent d'une fausse opinion de justice & d'œuvres de surerogation, les éleve jusques au Ciel, leur fait croire qu'ils meritent le Paradis, & des degrez de Gloire & de Beatitude. Et tantôt la crainte des Enfers & des supplices eter-nels les fait descendre jusques dans les abymes, & les remplit de desespoir. Cela me remet devant les yeux la vanité & l'in-constance de l'Esprit d'erreur, qui souffle tantôt d'un costé, & tantôt de l'autre. Et comme la Mer est toûjours émeuë, & ses vagues s'entresuivent de telle sorte, que l'une n'est pas si tost abaissée, que l'autre s'éleve : Ainsi la superstition n'est jamais

en

en repos : Elle se figure toûjours quelque nouvelle vision, & quelques nouvelles inspirations : Elle ne cesse d'inventer de nouveaux Ordres de nouvelles Festes de nouvelles Confreries, & de nouveaux Services: Elle n'a pas si tost invoqué un Saint, qu'elle en invoque un autre : Elle court à un pelerinage, & à l'instant elle vole à un autre. Apres une remission imaginaire de tous ses pechez, elle implore de nouveau pardon. Et apres des quatre ou cinq cens mille ans d'Indulgences, & autant de quarantaines, si elle se pouvoit guinder sur les ailes du vent, elle iroit tous les jours à Rome, pour en gagner des millions. Enfin, c'est la vive image des variations & des changemens divers qui se font en vôtre Eglise, en des sujets de grande importance. Pour exemple, j'ay appris que selon la premiere institution du Jubilé, il devoit être celebré seulement de cent ans en cent ans, comme les jeux seculaires des anciens Payens. Mais que depuis il fut remis de cinquâte ans à cinquâte ans ; Et bien tost apres, de trente-trois à trente-trois ans, & de vingt cinq à vingt cinq ans. Peut-être que dans peu de téps un Pape en ordonnera la celebration de vingt en vingt ans, & un autre de dix en dix ans. Et je ne doute point qu'on ne celebrast encore plus

G

frequemment, si on en esperoit une bonne issuë, & que les Peuples fussent aussi bié disposez à donner, que les Prestres à recevoir. Mais si le champ de l'Eglise étoit moissonné si souvent, la moisson ne seroit pas si riche ni si abondante. Lors que la superstition a pris au milieu de vous le souverain empire, elle a fait adorer le Sacrement, mais sans lui consacrer de jour de feste. Depuis elle lui a assigné une Feste solennelle, mais sans procession. Plusieurs années apres, elle a commandé la procession, avec toute cette pompe de ceremonies que vous voyez aujourdui. Et enfin elle a institué une deuxiéme Feste & une deuxiéme procession, que vous appellez *L'Octave du Sacrement*. La Mer s'éve & s'abaisse, mais la superstition croit toûjours & ne diminuë jamais. Que si vous voulez encore quelque chose de plus pressant, c'étoit autrefois la marque de la damnable heresie des Manicheens, que de vouloir communier sous une seule espece, comme on m'assure que cela se peut prouver par les Ecrits de Gelase & de Leon, Evesques de Rome. Mais aujourd'hui l'une de nos pretenduës heresies, pour lesquelles nous avons été anatematisez, est que nous voulons communier au Calice de benediction, selon le commandement de J.Christ,

& la pratique de l'ancienne Eglise. Le Je-
suite Petau, qui est un des plus celebres &
des plus doctes de sa Societé, reconnoit de
bonne foi le changement qui est arrivé en
vôtre Eglise sur ce sujet. Si le Memoire qui
m'en a été donné ne me trompe, voici mot
pour mot ce qu'il en dit, en son Traité de la
penitence publique, où il répond au Livre
de Mr Arnauld, De la frequente Communion. *Mr Arnauld peut-il nier que cette pratique
de communier sous les deux especes, ait été du temps
des Apôtres, & qu'elle ait continué plusieurs siecles
en l'Eglise? Il ne le desavouëra pas, & ne le peut
faire, s'il ne veut passer pour un homme extréme-
ment ignorant, ou impudent.*

Mais quant à nous, graces à Dieu, comme
nôtre doctrine ne peut être fausse, vû que
c'est la doctrine de Dieu de Verité, aussi nos
esprits ne peuvent être flottans, puis qu'ils
s'arrestent à ce Rocher inébranlable. Bien
loin de nous laisser emporter à tout vent,
par la piperie des hommes, & par leur ruse
à cauteleusement seduire, que si un S. Paul,
ou un Ange du Ciel, nous evangelisoit outre ce qui nous a été evangelisé, nous l'au-
rions en execration. C'est à quoy le Saint
Apôtre nous exhorte lui-même en son Epitre aux Galates, chapitre premier.

Nôtre Seigneur Jesus-Christ allant au

supplice ignominieux de la Croix, dit aux femmes qui s'affligeoient de le voir en ce pauvre état, *Filles de Ierusalem, ne pleurez point sur moi, mais pleurez sur vous & sur vos enfans.* Encore que je sois bien eloignée de la condition de ce Glorieux Sauveur, j'ose neantmoins vous dire à son exemple, Ma chere Sœur, ne vous affligez point de me voir dans une Communion qui est exposée à la haine & à la persecution du monde: Car l'ame est plus precieuse que le corps. Et tout bien conté, les souffrances du temps present ne sont point à contrepeser à la gloire qui doit être revelée en ceux qui servent Dieu selon les regles de sa Sainte & Divine Parole. Si nous souffrons avec Jesus-Christ, nous regnerons aussi avec lui. Et si nous mourons avec lui, nous vivrons aussi eternellement avec lui. Si je porte ici bas sa Croix, je porterai là haut sa Couronne. Mais pleurez sur vous & sur vos parens & vos amis, qui voguent sur une même mer & qui sont exposez à un mesme danger. Evitez plutôt les maux qui vo⁹ menacent, & vous mettez à couvert de la vengeance du Ciel qui pend sur vos testes. Car c'est un oracle infaillible, que *ceux qui rendent à la creature l'honneur & la gloire qui n'appartient qu'au Createur, n'heriteront point le Royaume des Cieux.* Or vous ne pouvez vivre en la Communion de Rome, sans rendre à la creature l'honneur & la gloire qui n'appartient qu'au Createur. Dieu s'est reservé à lui seul l'adoration religieuse. Et dés vôtre enfance vous avez appris ce beau mot, *Vn seul Dieu tu adoreras.* Or en vôtre Eglise on y adore le Sacrement, qui n'est qu'une simple creature : vû que c'est du pain en substance, comme les sens & la raison vous montrent, & l'Ecriture Sainte vous l'atteste. Et qui plus est, selon les propres maximes de vôtre Religion, il est impossible que vous sachiez de certitude de foi, si ce que vous adorez est une simple creature, ou si c'est le Grand Dieu & Sauveur. Car pour transsubstancier le pain au Corps de Jesus-Christ, l'intention du Prestre est necessairement requise : Et s'il n'a point cette intention, le pain demeure pain, tel qu'il étoit auparavant. Or vous ne pouvez savoir si le Prestre a cette intention là, ou non : vû qu'il n'y a que Dieu seul qui connoisse le cœur de l'homme, & qui lise ses pensées. De sorte qu'en quelque façon que vous le puissiez prendre, vôtre adoration est criminelle, vû que *tout ce qui se fait sans foy est peché.*

Sans y penser, ma chere, Sœur, vous me souhaittez le plus grand mal qui me puisse jamais arriver. Car il vaudroit mieux que je n'eusse jamais cõnu la voye de justice, qu'apres l'avoir connuë me détourner du saint commandement de Dieu, & de la pureté de l'Evangile. Mais j'espere que Dieu accomplira sa vertu en mon infirmité, & que comme il lui a plû en ses grandes misericordes, de commencer en moi l'œuvre de sa grace, il ne la delaissera point qu'il ne m'ait élevée au comble de sa Gloire. Il me donnera de luy estre fidele jusques à la mort, pour recevoir de sa main la Couronne de vie.

Au lieu de cét effroyable malheur que vous me desirez, je vous souhaitte la plus grande & la plus aimable de toutes les felicitez. C'est que vous soyez comme moi, hormis les afflictions qui accompagnent cette sainte & divine profession. O ma chere Sœur, que puissiez vous ouvrir vos yeux, pour voir la ravissante lumiere qui m'éclaire, & qui me conduit au Ciel ! Que puissiez vous penetrer dans mon cœur & goûter la paix de mon ame, & le doux & agreable repos de ma conscience ! Vous prefereriez de si precieuses delices à toutes les richesses de la terre, à tous les honneurs du siecle, & à toutes les voluptez de la vie presente, qui s'envole comme la parole en l'air, & se consume comme une pensée.

Que s'il ne plaît pas à Dieu de nous lier ensemble par les sacrez liens de cette Grace Divine, au moins, ma chere Sœur, que le lien naturel demeure, & que nôtre amour soit plus forte que la mort. Si vous me croyez en erreur, ayez pitié de moi, mais ne me haïssez point : Comme de ma part, bien loin d'avoir la moindre étincelle de haine, qu'au contraire je sens s'allumer en mon cœur de nouvelles flammes d'amour: Et mon ame s'éleve à Dieu avec toute l'ardeur imaginable, pour lui demander qu'il luy plaise de vous donner une foy de pareil prix, & vous attirer à son pur Service, par les liens de sa douceur, & les cordeaux de charité, afin que nous ayons cette consolation, de nous voir ensemble en l'Eglise, qui a le bon-heur de combatre sous les seules enseignes du Seigneur Jesus. Et qu'un jour nous soyons transportées en l'Eglise qui triomphe dans le Ciel, pour l'y glorifier à jamais avec les milliers d'Anges. C'est le vœu & la priere tres-ardente que je presente à Dieu du profond de mon ame, étant,

MADAME ET TRES-CHERE SOEUR,

Vôtre tres-humble Sœur, & tres-affectionnée servante,

RENE'E GARNIER.

www.ingramcontent.com/pod-product-compliance
Lightning Source LLC
La Vergne TN
LVHW021821170726
843503LV00007B/3308